QUESTIONS RÉPONSES

8/10 ans

Vivre au Moyen Âge

Textes de **Bénédicte Le Loarer**

Illustrations de **Xavier Mussat**
et **Vincent Desplanche**

Nathan

SOMMAIRE

Qu'est-ce que le Moyen Âge ?

Une longue période de mille ans, qui sépare l'Antiquité de la Renaissance. De 500 à 1500, elle a vu naître en Europe les châteaux forts et les cathédrales, et une société nouvelle marquée par la foi chrétienne et le pouvoir des seigneurs.

INCROYABLE !

De 900 à 1300, la population européenne a presque doublé, passant de 38 millions à plus de 75 millions d'habitants !

Comment a-t-il commencé ?

Dans la violence ! Au 5e siècle, des peuples barbares venus de l'Est envahissent l'Europe et disloquent l'immense Empire romain d'Occident. Certains, comme les Huns, sèment la terreur avant de repartir. D'autres, comme les Francs, y fondent des royaumes durables. C'est le début du Moyen Âge.

À quoi ressemble l'Europe au Moyen Âge ?

En mille ans, elle a beaucoup changé ! D'abord divisée en de nombreux royaumes barbares, elle est en partie unifiée, au 9e siècle, par Charlemagne. Partagé entre ses héritiers, cet Empire sera ensuite à nouveau morcelé en une multitude de royaumes dont les frontières vont sans cesse évoluer.

En 843, le traité de Verdun divise l'Empire carolingien entre les trois petits-fils de Charlemagne.

Vers 1450, Gutenberg perfectionne l'imprimerie : la Bible est le premier livre imprimé en série.

Qu'est-ce qui met fin à cette époque ?

Dès le milieu du 15e siècle, les progrès de l'imprimerie et de la navigation annoncent déjà les Temps modernes. Mais c'est la prise de Constantinople, dernier vestige de l'Empire romain en Orient, par les Turcs, qui marque symboliquement la fin du Moyen Âge, en 1453.

LE SAVAIS-TU ? La France doit son nom à la tribu des Francs, un peuple germanique venu des bords du Rhin.

MILLE ANS D'HISTOIRE

HAUT MOYEN ÂGE de 500 à 1000

1 Du 3e au 5e siècle

LES INVASIONS BARBARES

Venus de l'Est, les Francs, les Alamans, les Saxons, les Huns, les Avars, les Bulgares, les Goths et les Vandales envahissent l'Europe. Ils y fondent les premiers royaumes du Moyen Âge.

2 Vers 498

CLOVIS, PREMIER ROI DE TOUS LES FRANCS

Grâce à ses conquêtes, il agrandit et unifie le royaume des Francs. Il en devient le premier roi chrétien car il se convertit au catholicisme.

3 800

CHARLEMAGNE EMPEREUR

Sacré empereur d'Occident à Rome, il fonde un immense Empire en Europe. Mais après sa mort, le pouvoir royal s'affaiblit au profit des seigneurs. C'est le début du système féodal.

4 Du 9e au 10e siècle

LA DEUXIÈME VAGUE D'INVASIONS

Les Vikings, venus du Nord, les Hongrois, de l'Est, et les Sarrasins, du Sud, envahissent l'Europe chrétienne. Les seigneurs locaux construisent les premiers châteaux forts.

MOYEN ÂGE CLASSIQUE de 1000 à 1300

5 À partir de l'an Mil...

LES BÂTISSEURS

Au 11e siècle, des milliers d'églises et d'abbayes romanes sont construites en pierre. Du 12e au 13e siècle, des cathédrales gothiques s'élèvent dans les villes.

6 1095

LA PREMIÈRE CROISADE

Le pape Urbain II appelle les chrétiens d'Europe à libérer Jérusalem et les lieux saints. De 1095 à 1291, huit croisades se succèderont en Orient.

BAS MOYEN ÂGE de 1300 à 1500

7 De 1337 à 1453

LA GUERRE DE CENT ANS

Le plus long conflit du Moyen Âge oppose la France à l'Angleterre : 61 ans de guerre pour 55 ans de trêve.

8 De 1347 à 1351

LA PESTE NOIRE

Venue d'Orient, elle s'abat sur l'Europe et tue 25 millions de personnes, soit un Européen sur trois !

9 1453

LA FIN DU MOYEN ÂGE

Les Turcs s'emparent de Constantinople, la capitale de l'Empire byzantin, et le dernier vestige de l'Empire romain. Cette date marque la fin du Moyen Âge et le début de la Renaissance.

À quoi ressemble la société au Moyen Âge ?

Elle est organisée en trois « ordres » qui dépendent étroitement les uns des autres : « ceux qui prient », les religieux, « ceux qui combattent », les nobles et les chevaliers, et « ceux qui travaillent », les paysans et les artisans.

INCROYABLE !

À l'origine, les comtes et les ducs étaient les hauts fonctionnaires qui administraient les provinces de l'Empire de Charlemagne.

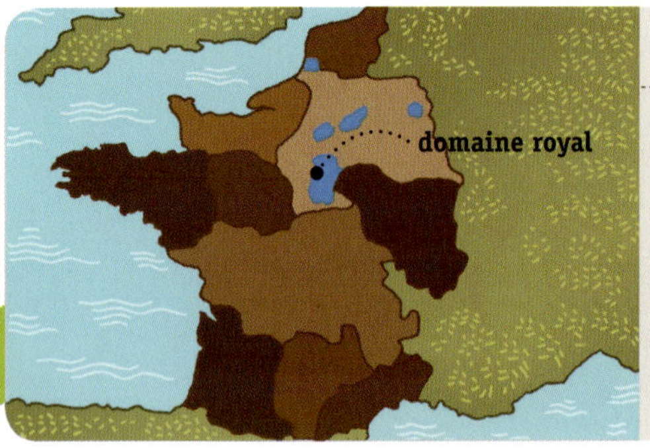

Le roi a-t-il tous les pouvoirs ?

En théorie, oui ! Il peut commander, punir, lever des impôts et une armée. Mais jusqu'au 13e siècle, son autorité est fragile et limitée à l'Île-de-France : un domaine minuscule comparé à ceux des grands seigneurs, qui exercent les mêmes droits sur leurs terres.

Qui sont les seigneurs de son royaume ?

Des nobles qui règnent sur une seigneurie. Ils y possèdent un ou plusieurs châteaux et vivent des revenus de leurs terres et des taxes imposées aux habitants. Les petits seigneurs sont les alliés ou « vassaux » de seigneurs plus puissants, leurs « suzerains ».

Le vassal prête serment de fidélité à son suzerain au cours d'une cérémonie solennelle : « l'hommage ».

L'Église est-elle puissante ?

Très puissante ! Depuis que la religion chrétienne s'est imposée en Europe, l'Église catholique possède des milliers d'églises, d'abbayes et de monastères qui s'enrichissent grâce aux dons des fidèles. Elle sacre les rois qu'elle peut aussi bannir, en cas de mauvaise conduite !

Qui compose le peuple ?

Tous ceux qui travaillent ! Dans les villes, on trouve surtout des artisans et des commerçants, mais aussi des banquiers, des notaires et toutes sortes de marchands. Mais le peuple est essentiellement composé de paysans, qui cultivent leurs propres terres ou celles qu'ils louent à un seigneur.

LE SAVAIS-TU ? Le mot « féodal » vient du mot « fief » qui désigne les terres que le seigneur donne à ses alliés.

LA PYRAMIDE FÉODALE

La société féodale repose sur des liens de fidélité qui unissent tous les hommes entre eux.

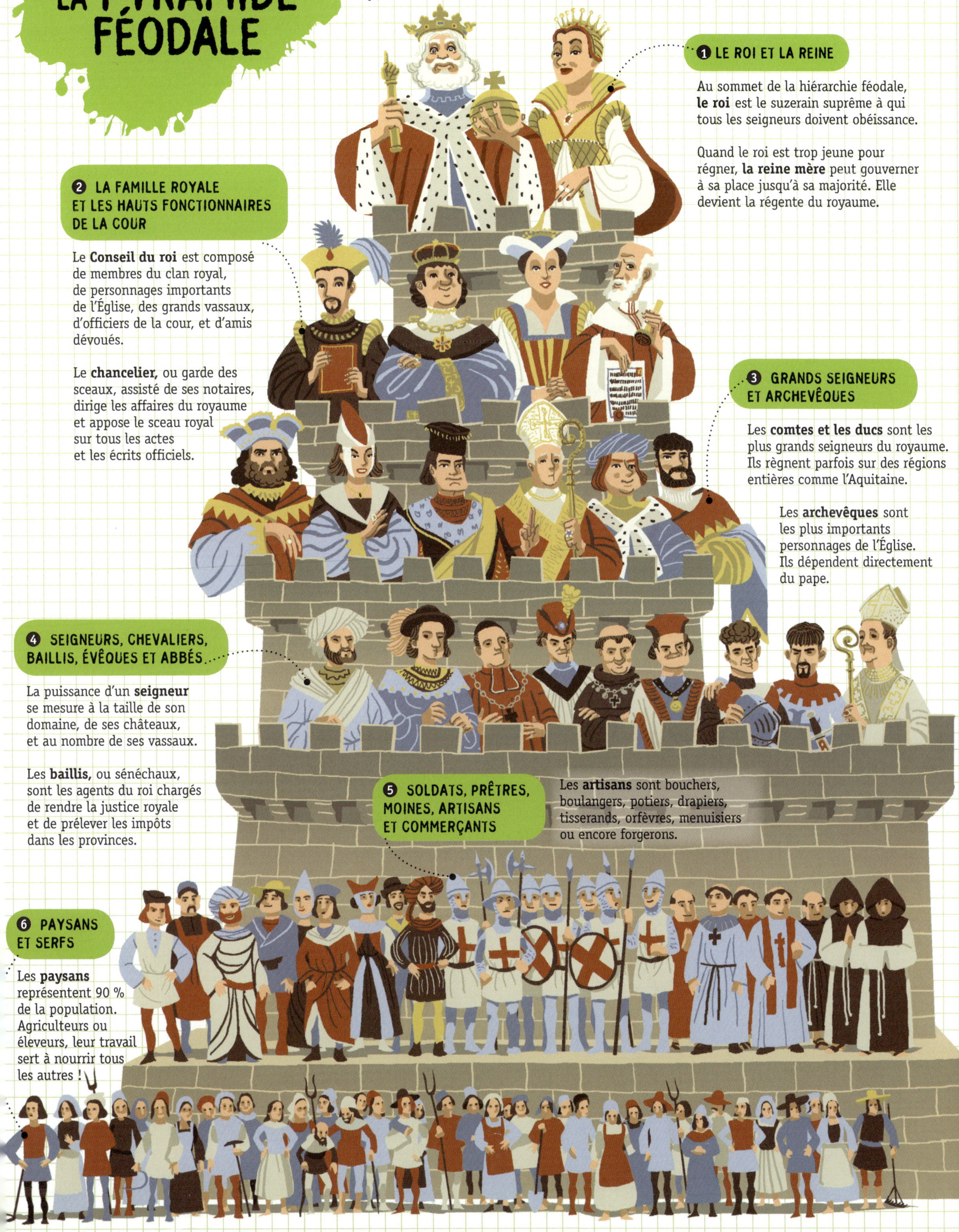

1 LE ROI ET LA REINE

Au sommet de la hiérarchie féodale, **le roi** est le suzerain suprême à qui tous les seigneurs doivent obéissance.

Quand le roi est trop jeune pour régner, **la reine mère** peut gouverner à sa place jusqu'à sa majorité. Elle devient la régente du royaume.

2 LA FAMILLE ROYALE ET LES HAUTS FONCTIONNAIRES DE LA COUR

Le **Conseil du roi** est composé de membres du clan royal, de personnages importants de l'Église, des grands vassaux, d'officiers de la cour, et d'amis dévoués.

Le **chancelier**, ou garde des sceaux, assisté de ses notaires, dirige les affaires du royaume et appose le sceau royal sur tous les actes et les écrits officiels.

3 GRANDS SEIGNEURS ET ARCHEVÊQUES

Les **comtes et les ducs** sont les plus grands seigneurs du royaume. Ils règnent parfois sur des régions entières comme l'Aquitaine.

Les **archevêques** sont les plus importants personnages de l'Église. Ils dépendent directement du pape.

4 SEIGNEURS, CHEVALIERS, BAILLIS, ÉVÊQUES ET ABBÉS

La puissance d'un **seigneur** se mesure à la taille de son domaine, de ses châteaux, et au nombre de ses vassaux.

Les **baillis**, ou sénéchaux, sont les agents du roi chargés de rendre la justice royale et de prélever les impôts dans les provinces.

5 SOLDATS, PRÊTRES, MOINES, ARTISANS ET COMMERÇANTS

Les **artisans** sont bouchers, boulangers, potiers, drapiers, tisserands, orfèvres, menuisiers ou encore forgerons.

6 PAYSANS ET SERFS

Les **paysans** représentent 90 % de la population. Agriculteurs ou éleveurs, leur travail sert à nourrir tous les autres !

Comment le roi vit-il ?

Comme le plus grand des seigneurs ! Il mène une vie luxueuse dans l'un de ses nombreux palais, entouré de sa famille, de sa cour et de ses conseillers, protégé par sa garde rapprochée et servi par une armée de serviteurs.

Au cours du sacre, le roi devient un être divin : il reçoit la couronne, le sceptre et la main de justice.

De qui tient-il son autorité ?

De Dieu ! Car une fois sacré à Reims, le roi de France devient le représentant de la justice divine. En théorie, il est aussi élu par les grands seigneurs du royaume. Mais pour maintenir leurs héritiers au pouvoir, les rois capétiens les font élire de leur vivant !

Quelle est la taille de son royaume ?

Depuis le partage de l'Empire de Charlemagne, en 843, le royaume des Francs est moins étendu que la France actuelle. Mais surtout, jusqu'au 13e siècle, le roi ne règne vraiment que sur le domaine royal, limité à l'Île-de-France et coincé entre les grands comtés et duchés de ses puissants vassaux !

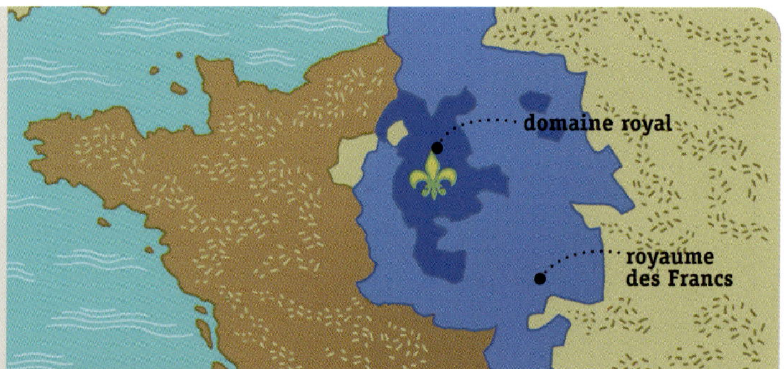

Vers l'an mille, le domaine royal d'Hugues Capet se réduit à une étroite bande de terre, entre Compiègne et Orléans.

INCROYABLE!

Dans son palais d'Aix-la-Chapelle, en Allemagne, Charlemagne avait un zoo avec des lions et un éléphant, et des piscines alimentées en eau chaude !

Le palais de la Cité.

Où vit-il ?

Au Moyen Âge, le roi et sa cour n'ont pas de résidence fixe : ils déménagent souvent d'un palais à l'autre, en fonction des besoins et des conflits. Ce n'est qu'au 13e siècle que le roi Philippe Auguste fait de Paris sa capitale. Son petit-fils, Saint Louis, y fera construire le palais de la Cité.

A-t-il beaucoup d'ennemis ?

Oui ! Car durant tout le Moyen Âge, le roi doit lutter pour imposer son autorité à des seigneurs pas toujours fidèles. À partir du 12e siècle, ce sont surtout les puissants rois d'Angleterre de la dynastie Plantagenêt qui menacent sérieusement son royaume !

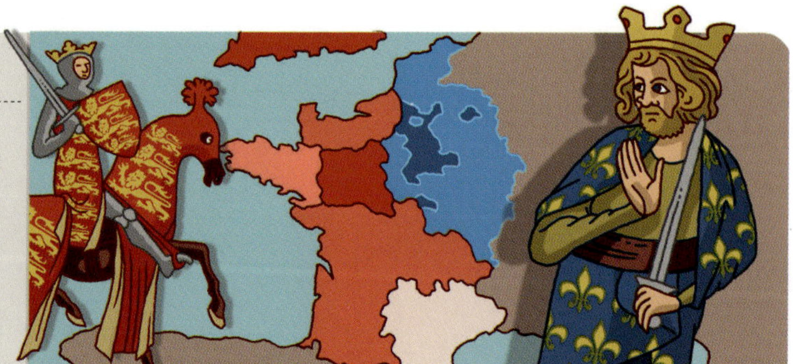

Au 12e siècle, de la Normandie à la Gascogne, Henri II Plantagenêt possède, la moitié la plus riche de la France !

LE SAVAIS-TU ? Au 12e siècle, Philippe Auguste est le premier souverain à se faire appeler « roi de France ».

LES ROIS DE FRANCE

Ils ont restauré leur autorité, reconquis leur royaume, et fondé des dynasties royales en maintenant leur famille au pouvoir.

481-511

Clovis, roi des Francs, appartient à la dynastie des Mérovingiens. Brillant chef militaire, il agrandit et unifie le royaume des Francs. Il en devient le premier roi chrétien, après son sacre à Reims.

768-814

Charlemagne est le plus illustre souverain de la dynastie des Carolingiens et le plus grand empereur du Moyen Âge : son empire couvre presque toute l'Europe de l'Ouest.

987-996

Hugues Capet, duc des Francs, est élu roi en 987 par une assemblée de grands seigneurs. Il fonde la dynastie des Capétiens qui régnera sur la France pendant 800 ans !

1180-1223

Conquérant et ambitieux, Philippe II dit **Philippe Auguste** restaure l'autorité royale. Il agrandit considérablement son domaine en reprenant aux Anglais la Normandie et l'Anjou.

1226-1270

Très pieux et populaire, Louis IX dit **Saint Louis** tente de faire régner la paix et la justice dans son royaume et crée une monnaie d'or, l'écu. Il participe à deux croisades et meurt de la peste à Tunis.

1461-1483

Louis XI s'attaque aux privilèges de la noblesse, unifie une grande partie du royaume et renforce le pouvoir royal de façon décisive.

1364-1380

Roi savant, **Charles V** dit «le Sage» reprend aux Anglais, en pleine guerre de Cent Ans, la plupart de leurs conquêtes. Il réorganise les finances en créant une monnaie stable : le franc.

LES GRANDES DYNASTIES

- LES MÉROVINGIENS
- LES CAROLINGIENS
- LES CAPÉTIENS

Pourquoi construit-on des châteaux forts ?

Pour résister aux envahisseurs ! Dès le 9e siècle, des hordes barbares pillent l'Europe de toutes parts. Pour protéger leurs terres et leurs sujets, les seigneurs locaux font construire les premiers châteaux forts.

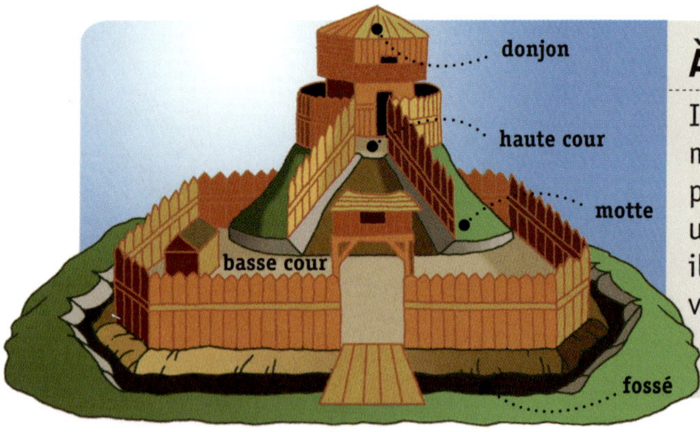

À quoi ressemblent les premiers châteaux forts ?

Ils sont en bois, perchés sur une colline ou une grosse motte de terre, et protégés par un fossé et de hautes palissades. Ils comprennent déjà une basse cour et une haute cour, surmontée d'un donjon. Mais comme ils résistent mal aux incendies, on les remplace très vite par des châteaux de pierre !

Quels sont leurs points forts ?

Chaque château a les siens ! Quand on ne peut pas profiter d'un site imprenable, comme une falaise, on multiplie les pièges pour repousser l'ennemi : de profonds fossés parfois remplis d'eau, deux ou trois murs d'enceinte, ou des tours percées d'archères pour le cribler de flèches !

INCROYABLE !

Plus de 10 000 châteaux forts ont été construits en Europe au cours du Moyen Âge !

Sont-ils imprenables ?

Non ! L'ennemi peut toujours trouver un moyen de s'en emparer : l'assiéger pendant des mois pour affamer ses habitants, miner ou saper ses murs pour y ouvrir une brèche, ou l'escalader avec des tours et des échelles. Mais c'est souvent par la ruse qu'on en vient à bout !

Combien de temps peut durer un siège ?

Des jours, des mois et parfois une année ! Tout dépend de la motivation des assaillants et de la capacité des habitants du château à se défendre, tout en résistant à la faim, à la soif ou aux épidémies. Les puits et les réserves sont donc jalousement gardés !

LE SAVAIS-TU ? Avant le 14e siècle, les châteaux forts n'avaient pas de pont-levis, mais des ponts fixes.

À L'ASSAUT DE CHÂTEAU-GAILLARD !

Au printemps 1204, après cinq mois de siège, l'armée du roi Philippe Auguste lance l'assaut contre Château-Gaillard, la forteresse normande du roi d'Angleterre.

❶ Abrités sous une chaussée couverte, les assaillants ont comblé le premier fossé du château.

❷ À l'abri des regards, les sapeurs ont creusé une galerie au pied du châtelet d'entrée avant d'y mettre le feu : fragilisé par l'incendie, le mur s'est effondré !

❸ Armés d'épées, de couteaux, et de longues piques, les fantassins s'engouffrent dans la brèche…

❹ Pour bombarder la forteresse, on utilise aussi de grandes machines de jet comme les trébuchets qui peuvent tirer d'énormes boulets de pierre à plus de 200 mètres !

❺ Au cours de l'assaut, on s'approche le beffroi, une grande tour à roulettes pouvant contenir une centaine de soldats.

❻ Peu avant le siège, la garnison du château a monté des hourds, au sommet des tours et du chemin de ronde.

❼ Depuis ces galeries de bois, elle peut arroser l'ennemi de flèches, de carreaux d'arbalète, et le bombarder de pierres, de chaux vive ou d'eau bouillante !

Comment vivent les seigneurs ?

Quand ils ne font pas la guerre, ils vivent plutôt bien. Depuis leurs châteaux, ils gèrent leur seigneurie, qui comprend des villages, des terres agricoles et de vastes forêts. Ils en tirent des ressources et des revenus confortables.

INCROYABLE !

Beaucoup de châteaux ont des étuves, ancêtres des salles de bains. Les gens sont souvent plus propres qu'à la cour de Louis XIV !

Les seigneurs ont-ils tous les droits ?

Non ! Mais sur leurs terres, ils se sont accordé le droit de ban, qui leur permet de posséder une armée, de rendre la justice et de lever des impôts. Mais ils ont aussi des devoirs : celui de protéger les paysans et d'aider leur suzerain en cas de guerre.

Qui vit dans leurs châteaux ?

Une centaine d'habitants. On trouve tout d'abord la famille du seigneur, qui comprend sa femme, ses enfants, ses frères et sœurs, ses cousins et amis, mais aussi quelques soldats pour garder le château, un intendant pour gérer ses finances, un prêtre, et de nombreux serviteurs !

Leurs châteaux sont-ils confortables ?

Pas vraiment ! Même s'ils ont des toilettes, les latrines, ils n'ont ni l'eau courante, ni l'électricité ! On s'éclaire à la bougie et on tire l'eau au puits. L'hiver, il fait un froid glacial car, malgré les feux de cheminée, les fenêtres sont sans vitres et ne sont fermées par des toiles cirées et des volets.

Quel est le sport favori des seigneurs ?

La chasse à courre ou au faucon. Avec leurs valets et leur meute de chiens, ils peuvent traquer des cerfs, des sangliers, des loups, des renards, des cygnes, des hérons et même des ours ! Ces longues chevauchées sont une source de gibier et un excellent entraînement pour la guerre.

LE SAVAIS-TU ? Pour restaurer la paix dans son royaume, le roi Saint Louis interdit les guerres privées entre seigneurs en 1260.

LE LOGIS DU SEIGNEUR

Bienvenue dans le logis d'un riche seigneur du 13e siècle !

❶ **Salle d'apparat** où le seigneur reçoit, prend ses repas, préside son conseil et son tribunal.

❷ **Grand escalier de pierre**
❸ **Porte monumentale :** entrée de la grande salle.

❹ **Tables démontables :** simples planches de bois posées sur des tréteaux.
❺ **Tapisseries :** elles isolent les murs, cloisonnent l'espace et prouvent la richesse du seigneur.
❻ **La salle est jonchée de foin ou d'herbes odorantes :** elles réchauffent le sol et aromatisent l'atmosphère.
❼ **Grande cheminée**
❽ **Estrade** rehaussant la chaise du seigneur, pour impressionner le visiteur.

❾ **Toilettes** ou « latrines » débouchant à l'extérieur.
❿ **Grand lit :** très large, pouvant accueillir jusqu'à huit personnes.
⓫ **Coffre :** il sert d'armoire, de siège et de coffre-fort.
⓬ **Bain :** simple cuve de bois tapissée d'un drap.
⓭ **Chandelles** pour s'éclairer.

⓮ **Chapelle privée :** le seigneur et sa famille viennent y prier plusieurs fois par jour.

⓯ **Vitraux colorés**

⓰ **Cellier :** on y entrepose les réserves de vin et de nourriture.

Qui sont les chevaliers ?

Des cavaliers d'élite, souvent nobles, qui possèdent un cheval de combat et un équipement très coûteux. Seigneurs, chevaliers sans terre ou moines soldats, ils ont en commun le même idéal et un sérieux sens de l'honneur !

Le chevalier s'agenouille et prête serment à son seigneur.

Comment devient-on chevalier ?

C'est un long apprentissage ! À 7 ans, le jeune noble entre comme page chez un seigneur ami et apprend les règles de cour. À 14 ans, il devient écuyer, apprend à monter à cheval et à manier les armes. À 21 ans, il est enfin « adoubé » chevalier par son seigneur, au cours d'une cérémonie solennelle.

INCROYABLE !

Capturer un chevalier ennemi peut rapporter gros, car on peut réclamer une rançon exorbitante pour sa libération !

Pour qui se battent-ils ?

Pour eux-mêmes ou pour les autres ! Beaucoup d'entre eux sont des seigneurs : en cas de menace, ils convoquent leurs vassaux pour défendre leurs terres et leur honneur. À leur tour, ils peuvent se battre pour leur suzerain, à qui ils doivent 40 jours de chevauchée par an, ou partir en croisade en Terre sainte.

La joute oppose deux chevaliers de part et d'autre d'une barrière : la lice.

Comment s'entraînent-ils ?

En temps de paix, ils s'entraînent à la quintaine, un mannequin mobile qu'ils doivent percuter de leur lance, au grand galop. Mais les meilleures occasions sont les joutes et les tournois, de grandes fêtes où les chevaliers s'affrontent un contre un ou par équipes, avec des armes émoussées.

Les chevaliers sont-ils invincibles ?

Non ! Malgré toutes leurs protections, les longues piques des soldats peuvent blesser leurs chevaux et transpercer leurs armures, comme les flèches des archers et des arbalétriers. Et en cas de chute, leur armure est si lourde qu'elle gêne leurs déplacements, ce qui les rend encore plus vulnérables.

LE SAVAIS-TU ? Vers 1100, l'équipement d'un chevalier coûte aussi cher que 30 bœufs ! Rares sont ceux qui le possèdent en entier.

ARMÉS DE LA TÊTE AUX PIEDS

Au cours du Moyen Âge, les armures se perfectionnent car les armes se font de plus en plus meurtrières.

RICHARD CŒUR DE LION

12e siècle

Duc de Normandie et roi d'Angleterre, il s'est illustré par sa bravoure au cours de la troisième croisade.

BERTRAND DU GUESCLIN

14e siècle

Au service du roi de France Charles V, ce preux chevalier était la terreur des Anglais pendant la guerre de Cent Ans.

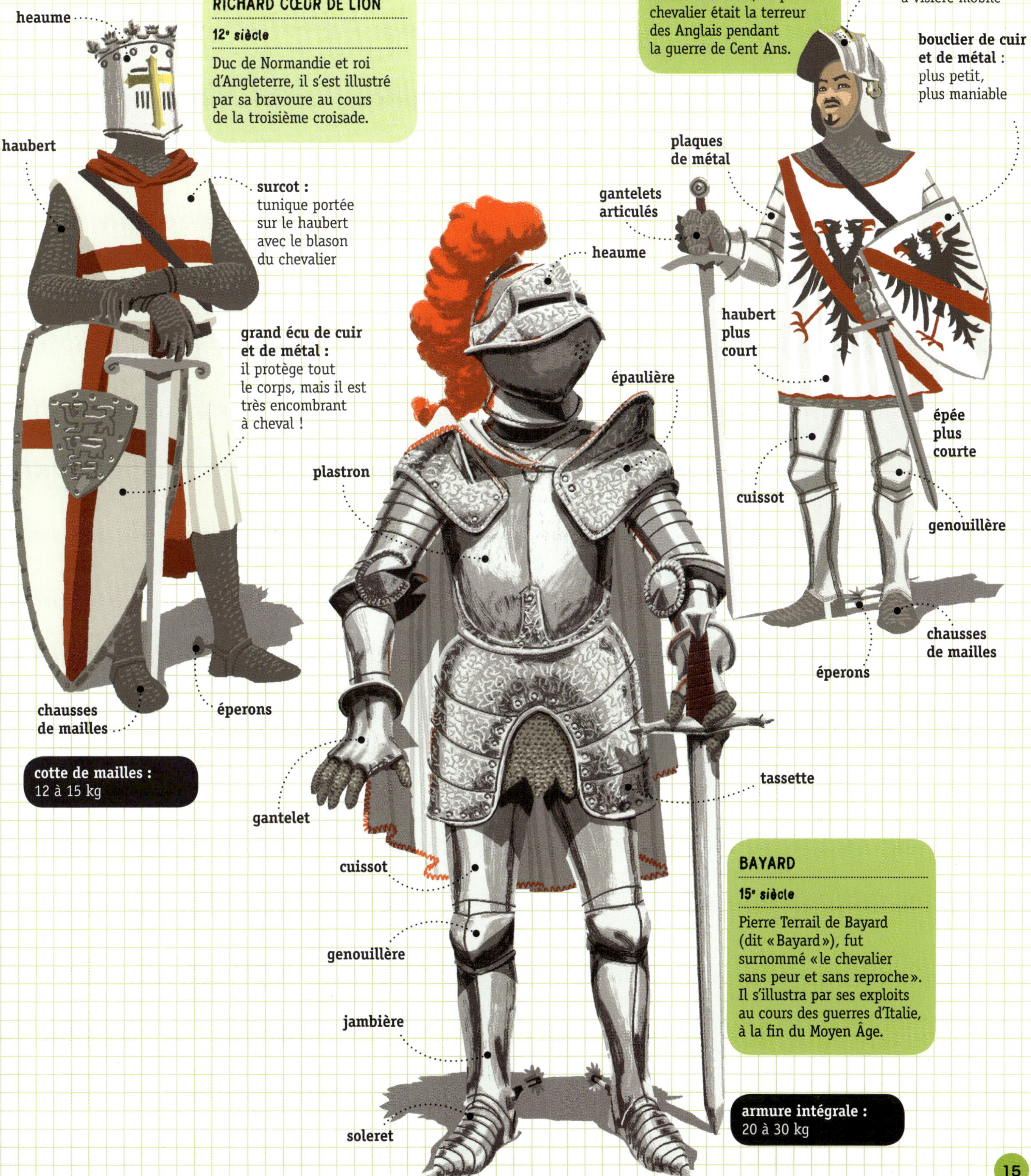

cotte de mailles : 12 à 15 kg

BAYARD

15e siècle

Pierre Terrail de Bayard (dit « Bayard »), fut surnommé « le chevalier sans peur et sans reproche ». Il s'illustra par ses exploits au cours des guerres d'Italie, à la fin du Moyen Âge.

armure intégrale : 20 à 30 kg

Comment vivent les paysans ?

Au rythme des saisons. Ils élèvent toutes sortes d'animaux et cultivent des céréales, comme le blé, le seigle et l'orge, mais aussi des vignes et des plantes textiles comme le lin et le chanvre.

INCROYABLE!

La plupart des 30 000 villages de France sont nés sur des terres gagnées sur la forêt par les paysans et les moines qui les ont défrichées.

Pour qui travaillent-ils ?

Pour eux ! Mais contrairement aux riches agriculteurs possédant leur propre terre, la plupart des paysans louent leur parcelle au seigneur. En échange de cette « tenure », ils lui payent un loyer, le cens, et un impôt en nature, le champart, qui correspond à une partie de leur récolte.

Les serfs sont-ils des esclaves ?

Non, même si leurs libertés sont limitées. Ils doivent cultiver les terres du seigneur qu'ils ne peuvent quitter sans son accord. Leur maître leur impose des taxes particulières et de plus lourdes corvées qu'aux autres paysans. Mais ils peuvent vivre en famille et transmettre leurs biens.

Contrairement à l'araire en bois qui griffe le sol en surface, le soc en fer de la charrue le laboure en profondeur.

Leur travail est-il fatigant ?

Épuisant ! Car les paysans travaillent à la main, avec des outils en bois peu efficaces. Leurs araires ne labourent pas le sol en profondeur. Mais dès le 12e siècle, des inventions, comme le collier d'attelage et la charrue, réduisent leurs efforts et améliorent leurs récoltes.

Leurs récoltes sont-elles toujours suffisantes ?

Tout dépend de la taille de leurs parcelles, de la qualité du sol et du climat ! Beaucoup de paysans ont tout juste de quoi survivre. Leur souci constant est d'assurer la « soudure », autrement dit, de disposer de provisions suffisantes à la fin de l'hiver jusqu'à la prochaine récolte.

LE SAVAIS-TU ? Les paysans sont appelés les « vilains », parce qu'ils habitent un village.

L'ANNÉE D'UN PAYSAN

La journée des paysans commence dès le lever du soleil et suit le rythme des saisons.

1 AU PRINTEMPS

On récolte les **céréales** de printemps, semées l'hiver précédent.
Puis vient le temps des **labours** et des premières **semailles** de l'année.
On taille les arbres et la vigne.
On sort le bétail et on tond les moutons, pour filer leur laine, vendue à la ville.

2 EN ÉTÉ

La **récolte** et la **moisson** sont faites à la main !
Le foin est stocké dans les greniers.
On taille les épis haut, à la faucille, en laissant la paille sur pied pour nourrir le bétail.
On brûle la paille restante pour fertiliser la terre.
Pour récupérer le grain, les épis sont battus au fléau ou piétinés par des mulets.

3 EN AUTOMNE

C'est le temps des **vendanges**, des **labours** et des **secondes semailles** de l'année.
Le raisin est foulé aux pieds dans des cuves avant d'être pressé.
On récolte les châtaignes et le miel.
Le paysan mène son porc à la glandée dans les bois, pour l'engraisser.

4 EN HIVER

La terre est gelée et les paysans sont au repos.
Le paysan tue son cochon et met sa viande dans le saloir.
En attendant le dégel, on répare outils et attelages et on se fait bûcheron ou artisan.

Qui sont les religieux ?

Moines, prêtres ou évêques, ils forment une communauté très influente à tous les niveaux d'une société très croyante. Auprès des fidèles, ou reclus dans leurs monastères, ils enseignent, soignent et prient pour le salut des âmes.

INCROYABLE !

Les reliques sont les restes du corps d'un saint : présentés dans de précieux coffrets, ses ossements sont censés guérir et protéger !

Comment l'Église est-elle organisée ?

Elle possède sa propre hiérarchie, indépendante du pouvoir royal. Toute l'Europe est divisée en provinces gouvernées par des archevêques, découpées à leur tour en diocèses dirigés par des évêques, puis en paroisses, gérées par des prêtres. Le pape est l'autorité suprême.

Les religieux sont-ils toujours d'accord ?

Non ! Même s'ils prient le même Dieu, ils ne pratiquent pas leur religion de la même façon et appartiennent à des ordres différents : certains, comme les moines bénédictins, vivent dans la richesse, tandis que leurs rivaux, les cisterciens, revendiquent la pauvreté et le travail manuel.

Dans le scriptorium, les moines copient les livres sur des peaux tannées : les parchemins.

Pourquoi sont-ils si savants ?

Parce qu'ils maîtrisent le latin, la langue savante du Moyen Âge ! Alors que la plupart des gens sont illettrés, ils apprennent à lire et à écrire dès leur plus jeune âge et consacrent beaucoup de temps à copier et à étudier la Bible, les textes sacrés et les grands auteurs de l'Antiquité.

C'est quoi, un pèlerinage ?

C'est un voyage vers un lieu saint où sont conservées des reliques sacrées. Les fidèles l'entreprennent pour racheter leurs péchés, demander une guérison, ou gagner leur place au Paradis ! Si certains vont prier le saint de leur région, d'autres voyagent des années pour gagner Rome, Saint-Jacques-de-Compostelle ou Jérusalem.

Bravant les brigands, les guerres et les épidémies, beaucoup de pèlerins font leur testament avant de partir !

LE SAVAIS-TU ? L'Église tire la plupart de ses revenus des dons des fidèles et d'une taxe chrétienne : la dîme.

LA VIE AU MONASTÈRE

La vie dans un monastère cistercien est rythmée par la prière et les travaux utiles à la communauté.

Fait-on souvent la guerre ?

Oui ! En mille ans, les conflits sont fréquents, mais ils ne durent souvent que quelques semaines, et opposent des armées encore peu nombreuses.

INCROYABLE !

Pendant la guerre de Cent Ans, la France subit aussi la peste noire, la famine, les pillages et les révoltes !

Qui fait la guerre ?

Jusqu'au 15e siècle, le roi et les grands seigneurs n'ont pas d'armée permanente et lèvent des troupes en cas de conflit : en plus des chevaliers vassaux, on y trouve des archers, des arbalétriers et des soldats de métier, les mercenaires. Mais aussi de nombreux piétons, qui sont souvent des paysans !

Où s'affrontent les armées ?

Sur des champs de bataille, et parfois même sur mer, avec des navires de guerre. Mais les grandes batailles rangées où les armées s'affrontent directement sont moins fréquentes que les petits conflits entre seigneurs voisins, ou que le siège de places stratégiques comme les villes et les châteaux forts !

LES CROISADES

De 1095 à 1291, huit croisades se succèdent en Terre sainte.

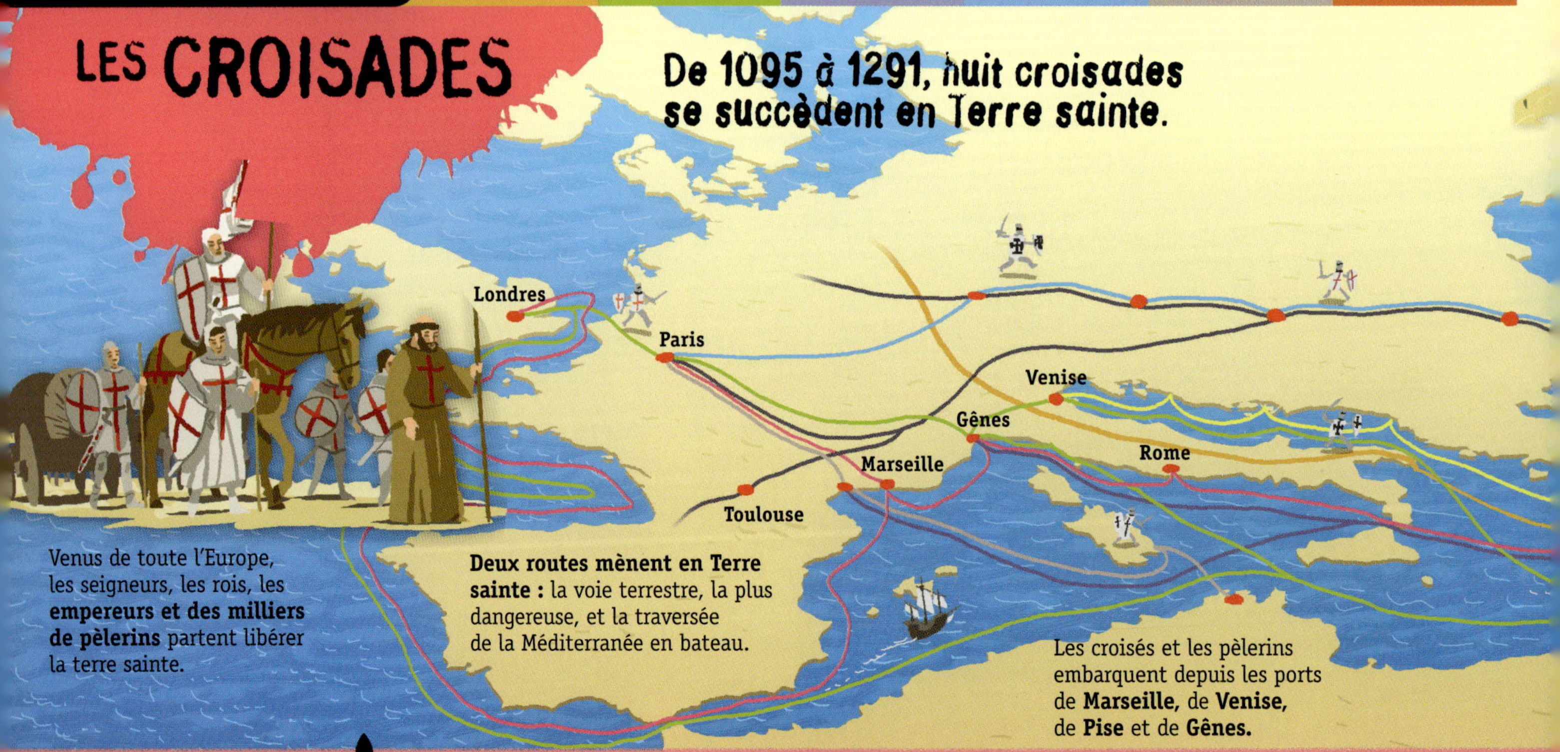

Venus de toute l'Europe, les seigneurs, les rois, les **empereurs et des milliers de pèlerins** partent libérer la terre sainte.

Deux routes mènent en Terre sainte : la voie terrestre, la plus dangereuse, et la traversée de la Méditerranée en bateau.

Les croisés et les pèlerins embarquent depuis les ports de **Marseille**, de **Venise**, de **Pise** et de **Gênes**.

LE SAVAIS-TU ? En 1212, 50 000 enfants venus de France, d'Allemagne et des Pays-Bas sont partis en croisade.

Venus de toute l'Europe, les croisés forment une grande armée menée par le légat, l'envoyé du pape.

Une croisade, qu'est-ce que c'est ?

Une expédition armée, lancée par le pape et menée par les rois et les seigneurs chrétiens, pour reprendre Jérusalem et les Lieux saints aux musulmans. Après avoir repris la ville sainte, les croisés fondent des États latins en Orient. Mais sans cesse menacées, leurs conquêtes sont de courte durée !

Quelle est la plus longue guerre du Moyen Âge ?

La guerre de Cent ans, un long conflit de 116 ans entre la France et l'Angleterre. En 1328, quand le roi de France Charles IV meurt sans héritier, le trône revient à son cousin, Philippe de Valois. Furieux, son neveu, Édouard III, roi d'Angleterre, le réclame à son tour, et déclenche les hostilités !

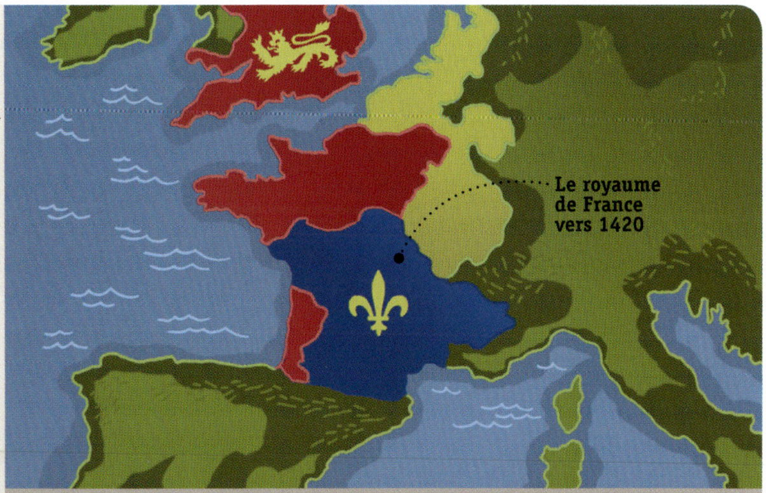

De 1337 à 1453, une succession de guerres et de trêves oppose la France et l'Angleterre qui se disputent le trône de France.

Pour défendre les régions conquises, les croisés construisent des forteresses imprenables comme **le Krak des chevaliers.**

Jérusalem est la ville sainte des chrétiens : elle abrite **le Saint-Sépulcre**, le tombeau du Christ.

Pour protéger et soigner les pèlerins, des ordres de moines soldats voient le jour : **les Templiers, les Hospitaliers** et **les chevaliers Teutoniques.**

- **1re croisade (1095-1099)**
  Les croisés reprennent Jérusalem aux Turcs.
- **2e croisade (1147-1149)**
  En 1187, le sultan d'Égypte reprend définitivement Jérusalem aux croisés.
- **3e croisade (1189-1192) dite « des trois rois »**
  Les croisés reprennent Saint-Jean-d'Acre mais pas Jérusalem.
- **4e croisade (1202-1204)**
  Les croisés pillent Constantinople, capitale de l'Empire byzantin.
- **5e croisade (1217-1221)**
  En Égypte, les croisés sont écrasés à Damiette.
- **6e croisade (1228-1229)**
  Le sultan accorde aux pèlerins l'accès aux lieux saints pendant 10 ans.
- **7e croisade (1248-1254)**
  Le roi Saint Louis est capturé en 1250 et libéré contre rançon. Les croisés perdent Damiette.
- **8e croisade (1270)**
  En 1291, les musulmans prennent Saint-Jean d'Acre. C'est la fin des croisades.

Les villes sont-elles nombreuses ?

Moins qu'aujourd'hui. Avec quelques milliers d'habitants, elles sont aussi beaucoup moins peuplées. Mais dès l'an mille, elles connaissent un développement fulgurant et attirent toujours plus de monde.

INCROYABLE !

Avec 200 000 habitants au 13e siècle, contre plus de 2 millions aujourd'hui, Paris est la plus grande ville d'Occident !

Comment se développent-elles ?

À partir d'anciennes cités gallo-romaines, ou autour d'un château, d'une église, ou d'une abbaye, qui attirent les populations en quête de protection. Mais elles naissent aussi au carrefour des routes, le long des fleuves, ou sur de nouvelles terres, gagnées sur la forêt.

Qui y habite ?

Les « bourgeois », autrement dit, les habitants du « bourg », l'autre nom donné aux villes. Ce sont surtout des artisans et des commerçants, exerçant toutes sortes de métiers, mais aussi des hommes d'Église, des étudiants, des notaires, des médecins ou encore des banquiers.

Le beffroi de l'hôtel de ville sonne le début et la fin de la journée de travail, annonce le marché ou alerte des dangers.

Qui les gouverne ?

Le roi, un comte, un seigneur ou un évêque. Mais dès le 12e siècle, les riches bourgeois obtiennent plus de libertés en leur achetant des chartes de franchise : regroupés en « communes », ils peuvent désormais élire leur maire, leurs conseillers, et gérer presque toutes les affaires de la ville !

LE SAVAIS-TU ? En ville, il est interdit de travailler après 21 heures. On éteint les lumières. C'est le « couvre-feu ».

LA MAISON D'UN RICHE ORFÈVRE

Dans les villes, les artisans d'un même métier se regroupent par quartiers. Bienvenue dans celui des orfèvres !

La maison se compose d'un rez-de-chaussée en pierre de taille, surmonté de 3 étages de poutres et de colombages de bois.

1 Le lit est un luxe : seuls es riches bourgeois peuvent 'en offrir un. La plupart des ens dorment sur des paillasses même le sol !

2 La médecine n'est pas ncore très efficace : n soulage les maux avec es plantes plus qu'on e les soigne vraiment !

3 Il n'y a ni poubelles ni gout : on jette les eaux usées t les ordures dans la rue, ù elles s'accumulent dans n caniveau central.

4 L'orfèvre fabrique toutes ortes d'objets en cuivre, n argent, parfois en or : e la vaisselle, des armes, es couteaux et des bijoux.

5 L'apprenti vit chez son aître qui le forme pendant à 15 ans !

6 Dans le coffre on range le linge, et tous les documents et objets précieux de la famille.

7 Au Moyen Âge, beaucoup de meubles sont en chêne.

8 Une enseigne de bois peint ou de tôle ciselée indique la boutique au passant.

9 Rarement pavées, les rues sont souvent boueuses !

10 La boutique est un atelier ouvert sur la rue : on y fait ses achats depuis l'extérieur.

Comment construit-on une cathédrale ?

Pour bâtir ces grands vaisseaux de pierre, il faut du temps, beaucoup d'argent et le savoir-faire de nombreux artisans. Mais rien n'est trop beau pour ces monuments à la gloire de Dieu, qui font la fierté de la ville !

INCROYABLE !

Commencée en 1163, Notre-Dame de Paris n'a été achevée qu'en 1250. Mais faute de moyens, ses deux tours sont restées sans flèches !

D'où vient l'argent pour les construire ?

L'évêque de la ville et ses conseillers, les chanoines, sont les premiers donateurs. Les nobles, les bourgeois, les artisans et même les paysans des environs donnent aussi, selon leurs moyens. Malgré tout, le chantier coûte une fortune, et faute de moyens, il est souvent interrompu ou inachevé !

Qui travaille sur ces chantiers ?

Pas moins d'une centaine de personnes ! Sous l'œil expert de l'architecte et de ses contremaîtres travaillent des artisans spécialisés : charpentiers, maçons, tailleurs de pierre, sculpteurs, forgerons ou verriers. Mais les plus nombreux sont les manœuvres qui leur apportent les matériaux !

Le maître d'œuvre commande et surveille les travaux qu'il a confiés à un architecte qui dirige le chantier avec ses contremaîtres.

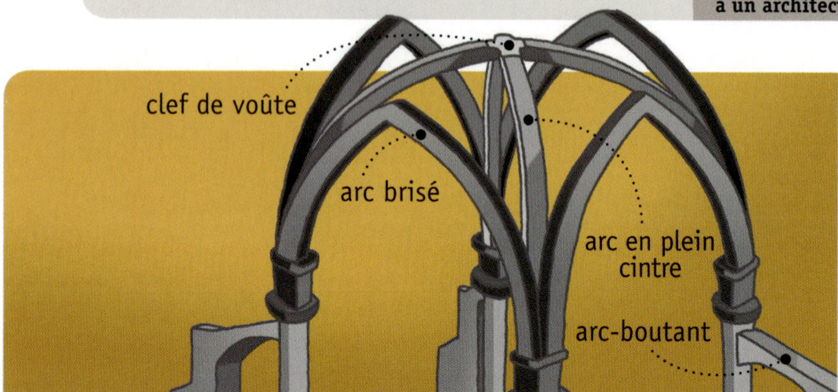

La voûte en croisée d'ogives se compose de 4 arcs brisés et de 2 arcs en plein cintre qui se croisent.

Quel est le secret de leur hauteur ?

Un nouveau système de voûtes : composées d'arcs brisés, qui allègent les forces de poussée, elles reposent désormais sur des piliers, renforcés à l'extérieur par de grands arcs-boutants. Résultat : les murs ne sont plus porteurs et peuvent s'élever toujours plus haut !

Les cathédrales sont-elles ouvertes à tous ?

Oui ! Elles sont même conçues pour accueillir le plus grand nombre. Au cœur de la cité, ce sont des centres de prière et de pèlerinage, mais aussi des lieux de promenade, d'échanges et de rencontres. On y croise des fidèles, des pèlerins, des mendiants, et même des échoppes de marchands.

LE SAVAIS-TU ? À partir du 12e siècle, les cathédrales gothiques ont succédé aux cathédrales romanes, plus petites.

LE CHANTIER D'UNE CATHÉDRALE

Pour bâtir une cathédrale, il faut plusieurs dizaines d'années, mais le chantier dure parfois des siècles !

❶ Des saints, des anges, des monstres… sous le ciseau expert des sculpteurs, toute l'histoire de la Bible est illustrée dans la pierre.

❷ À l'intérieur comme à l'extérieur, toutes les statues sont peintes de couleurs vives.

❸ La lumière, symbole du divin, inonde l'édifice en traversant les vitraux colorés des maîtres verriers.

❹ Les maçons taillent et assemblent les pierres. Ils y apposent leur marque personnelle qui permettra de calculer leur salaire.

❺ Cette grande roue actionnée par des hommes permet de hisser les plus gros blocs à l'aide d'un système de cordes et de poulies.

❻ Une foule de manœuvres déchargent et transportent les matériaux, dans leurs hottes, jusqu'en haut des échafaudages.

❼ Les charpentiers taillent et assemblent les poutres de la charpente et construisent les échafaudages.

Quelle est la place des femmes ?

Dans un monde dominé par les hommes, elles ne choisissent pas toujours leur destin. Mais elles sont plus libres qu'aux siècles suivants et jouent un grand rôle dans la société. Certaines ont même changé le cours de l'histoire...

INCROYABLE !

Si elle ne lui donne pas d'héritier, la reine peut être « répudiée », autrement dit chassée par le roi, qui lui trouvera une remplaçante !

Toutes les jeunes mariées apportent à leur époux une dot : des biens et des terres.

À quel âge se marient-elles ?

Souvent très jeunes, et dès leur majorité à l'âge de 12 ans ! Contrairement aux filles du peuple, les jeunes filles nobles ne choisissent pas leur mari : pour leurs familles, leur mariage est avant tout un bon moyen de s'allier à une autre famille, pour augmenter leur richesse et leur patrimoine.

Ont-elles les mêmes droits que les hommes ?

Pas encore ! La plupart d'entre elles ne peuvent disposer de leurs biens qu'avec l'accord de leur mari. Elles ont aussi moins de poids face à la justice et sont moins bien payées que les hommes. Mais elles peuvent tenir des commerces et parfois même voter aux assemblées communales.

Certains métiers sont réservés aux femmes, comme le filage et le tissage de la soie.

Quels métiers exercent-elles ?

Toutes sortes de métiers ! La plupart sont paysannes et participent aux travaux des champs. Elles sont aussi lingères, nourrices, servantes ou couturières. En ville, elles tiennent des boutiques, des tavernes, et travaillent dans l'artisanat du textile, de l'alimentation et même dans le bâtiment !

LE SAVAIS-TU ? C'est la reine Isabelle de Castille qui finança l'expédition de Christophe Colomb, en 1492.

DES FEMMES ADMIRABLES

Reines, femmes de lettres ou guerrières intrépides, elles ont gouverné avec talent, laissé des écrits mémorables et remporté des batailles historiques !

Reine de France, **Aliénor d'Aquitaine** change le cours de l'Histoire : en 1152, elle quitte Louis VII et épouse Henri Plantagenêt, le futur roi d'Angleterre, à qui elle apporte ses terres : le tiers du royaume de France !

Célèbre pour sa beauté et sa sagesse, **Blanche de Castille** est la première reine à gouverner la France. À la mort du roi Louis VIII, en 1226, elle dirige le royaume d'une main de fer pendant neuf ans, jusqu'à la majorité de son fils, le futur roi Saint Louis.

Guidée par sa foi, **Jeanne d'Arc** change le cours de la guerre de Cent Ans : à la tête de l'armée royale, elle délivre Orléans et sept autres villes des Anglais et fait couronner Charles VII à Reims. Trahie et livrée à l'ennemi, elle est condamnée pour sorcellerie !

L'abbesse allemande **Hildegarde de Bingen** rédige de nombreux écrits mystiques et scientifiques et compose plus de 70 chants religieux. Grande botaniste, elle est aussi l'un des meilleurs médecins du 12e siècle !

Vers 1400, **Christine de Pisan** devient la première femme de lettres française à vivre de sa plume ! Elle compose des traités de politique et de philosophie, et des recueils de poésies où elle prend la défense des femmes.

Surnommée « Isabelle la Catholique », la reine espagnole **Isabelle de Castille** porte l'armure et commande ses troupes : avec son mari Ferdinand d'Aragon, elle chasse les derniers musulmans d'Espagne et achève la reconquête du pays en 1492.

Comment vivent les enfants au Moyen Âge ?

Plutôt bien ! Fille ou garçon, ils sont aimés de leurs parents qui veillent à leur éducation. Jeunes nobles, fils d'artisans ou de paysans, ils apprennent très tôt leur futur métier, parfois loin de leur famille.

Ont-ils beaucoup de frères et sœurs ?

Oui ! Les familles sont nombreuses et comptent souvent 8 à 10 enfants ! Malheureusement, les maladies font des ravages, et faute d'une médecine efficace, un enfant sur trois n'atteint pas l'âge de 5 ans, et un sur deux seulement fête ses 20 ans.

INCROYABLE!

Pour fabriquer un ballon, les enfants récupèrent et gonflent des vessies de porc !

À quoi jouent-ils ?

À toutes sortes de jeux d'adresse comme les osselets, les billes ou le jeu du jonchet, l'ancêtre du mikado. Ils s'amusent aussi avec des balles, des cerceaux, des toupies et de petits jouets en bois. Et ils jouent déjà à la marelle, à colin-maillard, à saute-mouton ou à cache-cache !

Les petits garçons adorent jouer aux chevaliers, avec leur épée de bois et leur cheval bâton !

La plupart des écoles sont tenues par des clercs et des moines, mais les écoles laïques aussi se multiplient.

Tous les enfants vont-ils à l'école ?

Pas encore ! Les filles y vont moins que les garçons, et les paysans pauvres, moins souvent que les jeunes citadins aisés. Mais à partir de 1350, les petites écoles accessibles à tous se multiplient un peu partout, réduisant peu à peu ces inégalités.

Que font ceux qui n'y vont pas ?

Beaucoup de jeunes paysans doivent aider leurs parents aux travaux des champs. Les jeunes nobles apprennent à lire et à écrire avec le prêtre du château. Quant aux fils d'artisans ou d'ouvriers, ils sont placés très tôt chez un maître artisan reconnu pour apprendre leur métier.

Les apprentis apprennent leur métier pendant huit à quinze ans.

LE SAVAIS-TU ? La majorité des enfants vit dans les campagnes : 90 % d'entre eux sont des fils ou des filles de paysans.

UN ÉCOLIER AU MOYEN ÂGE

NOUS SOMMES À TROYES, EN 1480.

COMME D'AUTRES ENFANTS DU QUARTIER, COLIN, FILS DE JEHAN LE DRAPIER, SE REND TÔT À L'ÉCOLE. IL A 7 ANS, ET C'EST SA PREMIÈRE ANNÉE.

DANS SON ÉCOLE PAROISSIALE, ON COMPTE 8 CLASSES DE 5 À 25 ÉLÈVES. LA PLUPART SONT DES FILS DE BOURGEOIS ET DE RICHES COMMERÇANTS DE LA VILLE, DE 7 À 14 ANS. CERTAINS SONT DES FILS D'OUVRIERS PLUS MODESTES ET DES ORPHELINS, RECUEILLIS PAR L'ÉGLISE.

DANS LA CLASSE, LES ÉLÈVES S'INSTALLENT PAR GROUPES DE NIVEAU. COLIN SORT SES AFFAIRES : UNE TABLETTE DE BOIS COUVERTE DE CIRE ET UN STYLET EN MÉTAL POUR Y GRAVER SES LEÇONS.

FINIS LES BAVARDAGES ! APRÈS LA PRIÈRE, LA LEÇON DE LECTURE COMMENCE EN FRANÇAIS. LE MAÎTRE LEUR APPREND L'ALPHABET SUR UN GRAND ABÉCÉDAIRE EN PARCHEMIN.

EN PLUS DES PRIÈRES, LES ÉLÈVES APPRENNENT TOUT CE QUI LEUR SERA UTILE DANS LEUR VIE DE TOUS LES JOURS : PARLER CORRECTEMENT, LIRE, ÉCRIRE, COMPTER ET QUELQUES RUDIMENTS DE LATIN.

L'APRÈS-MIDI EST CONSACRÉ À L'APPRENTISSAGE ET AUX EXERCICES. LES MEILLEURS ÉLÈVES FONT RÉCITER LES PLUS JEUNES, ET CORRIGENT LEURS DEVOIRS.

Que mange-t-on au Moyen Âge ?

Beaucoup de pain et de céréales, des légumes, de la viande et du poisson. Mais le repas des paysans est moins garni et moins varié que celui des riches bourgeois, des seigneurs et des rois !

INCROYABLE !

On ne mange pas encore de tomates, de pommes de terre, de maïs, de bananes ou de chocolat, rapportés plus tard d'Afrique et d'Amérique !

Les paysans font pousser des fèves, des haricots, des carottes, des pois, des choux ou des lentilles.

Que mangent les paysans ?

Beaucoup de pain noir, de soupes et de bouillies de céréales, parfois agrémentées de viande de porc et de fromage. Selon la saison, ils mangent aussi les légumes frais de leur potager, complétés par les châtaignes et les fruits du verger et de la forêt. La viande est rare et réservée aux jours de fête.

Que trouve-t-on à la table des plus riches ?

Du pain blanc, du vin, du poisson frais et surtout beaucoup de viande ! Dégustés avec ou sans légumes, bœufs, porcs, moutons, cerfs ou volailles sont farcis, bouillis, rôtis à la broche ou en ragoûts et relevés de sauces acides à base de vin ou d'épices dont on raffole !

De l'ours, du cygne ou du héron... on mange toutes sortes de gibier !

Manger du poisson frais est un luxe réservé aux plus aisés.

Peut-on manger de tout, toute l'année ?

Non ! Cent à deux cents jours par an, les chrétiens doivent jeûner et se contenter d'un seul repas par jour sans beurre, ni viande, ni œufs : les vendredis et les samedis, avant chaque fête religieuse, et quarante jours avant Pâques, pour le carême. Ils mangent alors du poisson et des légumes à l'huile.

Comment conserve-t-on les aliments ?

Sans réfrigérateur, les aliments ne se gardent pas longtemps ! Les légumes sont séchés ou macérés dans du vinaigre. Pour conserver la viande et le poisson, on les fume au feu de bois, ou on les sale en les roulant dans un saloir. Puis on les suspend à des crochets ou on les stocke dans des tonneaux.

Malgré son prix élevé, les gens du Moyen Âge consomment beaucoup de sel.

LE SAVAIS-TU ? On sucre les desserts avec du miel. Le sucre de canne, venu des Indes au 12e siècle, est hors de prix !

JOUR DE FÊTE !

Pour le mariage de sa fille, le seigneur donne un grand banquet : plats nombreux et raffinés, chants, danses et entremets... tout est fait pour éblouir les invités !

❶ On s'assoit sur des bancs, d'où le mot de « banquet » donné au repas.

❷ Potages, volailles, poissons, tourtes, pâtés et rôtis... Le « maître queux » et ses cuisiniers ont préparé des dizaines de plats épicés et colorés.

❸ Impossible de tout goûter ! À chaque service, les pages disposent plusieurs mets sur la table. Les invités ne mangent que ceux qui sont à portée de main.

❹ L'échanson sert le vin, après l'avoir choisi, coupé à l'eau et goûté, car on craint les empoisonnements !

❺ Avant de manger, les convives se lavent les mains avec une décoction de plantes parfumées.

❻ Les assiettes sont rares et les fourchettes n'existent pas ! On mange avec les doigts et son couteau personnel, dans des écuelles ou sur des tranchoirs, de grosses tranches de pain rassis.

❼ Entre chaque mets, des « entremets », pièces montées spectaculaires ou courts spectacles, éblouissent les invités !

❽ Venus pour l'occasion, musiciens, acrobates et troubadours animent le repas de chants et de spectacles.

Textes Bénédicte Le Loarer
Illustrations Xavier Mussat (p. 4, 6, 8, 10, 12, 14, 16, 18, 19, 20, 21, 22, 24, 26, 28, 29, 30)
Vincent Desplanche (p. 5, 7, 9, 11, 13, 15, 17, 20, 21, 23, 25, 27, 31)
Couverture © Jenifoto / Shutterstock

Direction éditoriale Céline Charvet
Responsable d'édition Jean-Christophe Fournier
Édition Mathilde Bonte-Joseph, avec l'aide précieuse de Arthur Fabius
Direction artistique Lieve Louwagie
Maquette Lieve Louwagie
Fabrication Lucile Davesnes-Germaine
Photogravure Axiome

Loi n° 49.956 du 16 juillet 1949
sur les publications destinées à la jeunesse.

ISBN : 978-2-09-253332-1
N° de projet : 10174487 – Dépôt légal : août 2011
Imprimé en France par Pollina - L57346